EL UAPITÍ

POR VALERIE BODDEN

CREATIVE EDUCATION • CREATIVE PAPERBACKS

Publicado por Creative Education
y Creative Paperbacks
P.O. Box 227, Mankato, Minnesota 56002
Creative Education y Creative Paperbacks son marcas
editoriales de The Creative Company
www.thecreativecompany.us

Diseño de The Design Lab
Producción de Rachel Klimpel
Editado de Alissa Thielges
Dirección de arte de Rita Marshall
Traducción de TRAVOD, www.travod.com

Fotografías de Alamy (Danita Delimont, Design Pics Inc,
georgesanker.com, Jim Cumming, Maxim Kulko, Michelle
Holihan, robertharding, Robert McGouey/Wildlife),
Dreamstime (Isselee), Getty (Enn Li Photography, Julie Rideout,
THE PALMER), iStock (milehightraveler), Minden Pictures
(Mark Raycroft), National Geographic Creative (MICHAEL
S. QUINTON), Shutterstock (Dimitris Timpilis, Marilyn D.
Lambertz)

Library of Congress Cataloging-in-Publication Data
Names: Bodden, Valerie, author.
Title: El uapití / by Valerie Bodden.
Other titles: Elk. Spanish
Description: Mankato, Minnesota: Creative Education/
Creative Paperbacks, [2023] | Series: Planeta animal |
Includes index. | Audience: Ages 6–9 | Audience: Grades
2–3 | Summary: "Elementary-aged readers will discover that
male elk use their antlers to fight. Full color images and clear
explanations highlight the habitat, diet, and lifestyle of these
fascinating creatures"—Provided by publisher.
Identifiers: LCCN 2022007736 (print) | ISBN
9781640265875 (library binding) | ISBN 9781682771426
(paperback) | ISBN 9781640007062 (ebook)
Subjects: LCSH: Elk—Juvenile literature.
Classification: LCC QL737.U55 B5818 2023 (print) |
LCC QL737.U55 (ebook) | DDC 599.65/42—dc23/
eng/20220228
LC record available at https://lccn.loc.gov/2022007736
LC ebook record available at https://lccn.loc.
gov/2022007737

Tabla de contenidos

El uapití de las Montañas Rocosas se encuentra en el oeste de Estados Unidos y Canadá.

El uapití es el segundo cérvido más grande del mundo. Solo el alce es más grande. Los **Shawnee** llaman al ciervo canadiense *uapití*. Esto significa, "trasero blanco". La mayoría de los uapitíes viven en el lado oeste de Norteamérica.

Shawnee pueblo indígena norteamericano del este y medio oeste de que ahora vive principalmente en Oklahoma

Su grueso pelaje y melena invernales se caen en primavera.

En verano, el uapití tiene pelaje corto y rojizo. En invierno, le crecen dos capas de pelaje grueso. La capa de abajo es de pelo corto. La capa marrón de encima es de pelo más largo. Alrededor del cuello le crece una melena de color oscuro. Los uapitíes machos tienen **astas**.

astas crecimiento óseo ramificado en la cabeza del ciervo macho adulto

Los machos más grandes pueden pesar 1.000 libras (454 kg). Las hembras son más pequeñas. Los uapitíes son rápidos. Pueden correr a 35 millas (56,3 km) por hora.

Las astas del macho se caen a finales del invierno y vuelven a crecer.

Los uapitíes van de un lugar a otro en busca de alimento.

Los uapitíes viven en pastizales y montañas. **Pastan** por la mañana y la tarde. En invierno, los uapitíes se mudan hacia **valles** y bosques bajos. Los árboles bloquean el viento y la nieve.

pastar alimentarse de pastos que crecen en la tierra

valles zonas bajas de tierra entre montañas o cerros, comúnmente con un arroyo o río que fluye a través de ellos

El uapití come pastos, arbustos y ramas. Carece de dientes frontales superiores. Usa sus filosos dientes inferiores y encías duras para arrancar las plantas. Los uapitíes comen hasta 30 libras (13,6 kg) de comida al día.

Los uapitíes tienen un estómago especial de cuatro partes que digiere la comida leñosa.

Las manchas del pelaje de los cervatillos desaparecen al final del verano.

A finales de la primavera, la hembra preñada busca un sitio escondido. Da a luz a un **cervatillo**. El cervatillo recién nacido pesa alrededor de 35 libras (15,9 kg). Se queda con su madre durante un año.

cervatillo uapití bebé

El pelaje más claro de su trasero les ayuda a los uapitíes a confundirse entre la manada.

Los uapitíes viven en grupos llamados manadas. Cada invierno, se juntan varias manadas. Esto las ayuda a mantenerse a salvo de **depredadores** como los lobos. En la naturaleza, el uapití puede vivir hasta 20 años.

depredadores animales que matan y se comen a otros animales

A veces, los machos pelean. Chocan sus astas. Y, entonces, se empujan mutuamente. El macho más débil comúnmente huye. Los machos también hacen un fuerte sonido como de corneta. ¡Estos llamados pueden oírse hasta a una milla (1,6 km) de distancia!

*Cuando los machos
enganchan sus astas
para pelear, se le
llama combate.*

Muchas personas viajan al oeste de Norteamérica para ver uapitíes en la naturaleza. Otras, los ven en zoológicos. Es increíble ver a estos poderosos cérvidos en persona.

Observa a los uapitíes desde una distancia segura; ¡no los llames para que se acerquen!

Un cuento del uapití

Los apaches contaban una historia sobre por qué el uapití vive en las montañas. Hace mucho tiempo, el uapití gigante comía personas. Un niño cavó un túnel para sorprender al uapití gigante. El niño le disparó flechas al uapití gigante. Después, escapó por el túnel. El uapití gigante persiguió al niño dentro del túnel. Con sus astas, empujó la tierra hacia arriba y formó enormes montañas. Después, el uapití gigante murió. Los otros uapitíes se quedaron en las montañas.

apache pueblo indígena del suroesre del Estados Unidos y del norte de México

EL UAPITÍ

Índice